目錄

史明文物館 的 創建過程

文 史明教育基金會 黃敏紅 董事長
李政忠 副董事長

史明老師百歲的人生，雖在二〇一九年的九月二十日劃下休止符，但他留給我們的影響力，並不會停止，將會延續下去。

史明文物館在他過世後，我們在整理他的遺物裡頭，發現有許多珍貴的歷史資料留給我們，在海外的部份，能留的就相對有限，因為在早期戒嚴時期，是都不能留下一絲一毫的蛛絲馬跡的，但也還好有幾件非常重要的物件留下來。

有地下工作時期的匿名的明信片、有撕半的錢幣、有地下電台的錄音帶、錄影帶、地下電台的調查明信片，有工作小組的開會資料，計程車合作社的開會記錄，當然最重要的還是他所留下來，最珍貴的手稿，早期的宣傳照片等等的。在整理初期因為房子受到白蟻侵蝕的因素，也有相當多珍貴的手稿受到損害，以致遺失相當多的資料，實在是另人心痛。

在這樣的起心動念之下，就想說要如何將這些台灣重要的資產留下來。等五十年、百年後的後代子孫可以看到這些彌足珍貴的東西。而要將這些東西保留，是需要相當龐大的資金及人力的。首先，就必須將新莊這個千瘡百孔的「史明最後的家」先整理好，以便讓更多的後代子孫可以繼續研究、討論台灣的未來。

此後，在 flyingV 的募款，受到了二千多位的朋友的支持與鼓勵，給了我們第一筆可以建立新莊史明文物館的資金，讓我們沒後顧之憂可以放手去發揮，我們承接了史明的遺願，承擔了眾多人的期待，除了感謝之外，我們所能做的，就是儘其所能將這個重擔擔下來、做下去，為的不只是史明一生所愛的台灣，也是為了我們至愛的台灣，以及讓子孫如何能安全的生活在台灣這塊土地上，不致於流離失所，再受外來者的侵略及統治。

自六月新莊開始整建以來，到目前也將近尾聲，而我們募資的回饋品也在十二月會陸續寄出，在明年的六月「新莊文物館」就會以全新面貌問世了，敬請期待，我們全新的另一個階段的誕生。

我們得記得在人類歷史的洪流中，絕不是由一個人所創造出來的社會，「民族」是由一代又一代的傳承，是一群人又一群人的犧牲與被犧牲中，才有今天人類的歷史現況。我們也要知道，在我們已認識的歷史人物，與很多默默出力的無名英雄人物，才建構起台灣現在所擁有的社會，這不是無中生有的。

史明的肉體雖已幻滅，但他已幻化成台灣民族的精神指標。

無限的緬懷
由衷的感謝

文 史明教育基金會 葉治平 副董事長

在「史明文物館」即將落成之際，回想起 1981 年七月，有幸在德州大學城 (College Station) 認識到史明先生這位永遠的革命家，真正的實踐者，與倡導「台灣民族主義」的理論大師。當時的種種，在此時的感受特別深刻。

當時大家都尊稱他「おじいさん (歐吉桑)」，其實在 1981 年他只是 60 出頭，卻已歷經過歷史的驚滔駭浪，從中共的土改清算，台灣的 228，再流亡日本，完成了《台灣人四百年史》等不朽巨著，並組織「獨立台灣會」，從事台灣獨立革命運動。我被他的人格典範與堅忍不拔的精神，牢牢的吸引住；事事以他為師，盡量向他學習，但終究只能高山仰止，心嚮往之。40 年來，他除了偷渡回台，將革命主力從海外轉回主戰場台灣之外，近百年如一日，不斷精研世界歷史，人類民主思潮的演進與民族的形成，將之落實於台灣的歷史與現實，成為「台灣民族主義」與「台灣民族民主革命」的理論基礎；也不斷的著書，不停的宣傳，結合台灣勞苦大眾來共同實踐理論，將台灣意識與台灣民族主義推向最高峰，成為引領台灣獨立的旗幟與指標。

史明先生影響了許多人，是許多獨派青年的精神導師。他雖已逝世，但至今仍繼續影響著後起的年輕一代。有許多人緬懷他的事蹟，研讀他的著作，觀看他的影片，收藏獨台會的旗幟與宣傳文件，講述與他認識的感動，聽他演講的感受與心得。他在世時所播下的種子，已經開花結果，並不斷的繁衍擴散，繼續茁壯。無可置疑，史明先生是台灣獨立運動史上影響最大，也最具代表性的人物。因此，他生前的文物與用品，如手稿，文具，錄音與錄影帶，寫作的書房，收藏的書籍，甚至起居的空間等等，已屬台灣歷史文物的一部份，必須謹慎地收藏，整理，並有系統的陳列展示，以便後世參觀，追思故人，或做研究之用。「史明教育基金會」及許多歷史學者有此共同的想法，因此在幾位熱心的獨派年輕人策劃下，將史明老師在新莊的故居改建為「史明文物館」，這就是此館成立的緣起。

「建館」的構想在網路上提出後，立刻引起廣大的迴響。透過 FlyingV 的募款，初期改建所需的第一筆資金很快就到位。「史明教育基金會」希望藉此專刊，表達我們無限的感激之意。除了感謝幾位一年來不眠不休，投入策劃，設計，文物整理，會館改建的年輕志工，更要由衷感謝對這個計劃慷慨解囊，或給我們鼓勵，支持與寶貴意見的朋友。「建館」只是我們要繼續史明老師之遺志的第一步。在我們未來的道路上，讓我們牢牢的記住史明老師所一再呼籲：「台灣人要團結，要堅持」，大家攜手共進，共同打拼，完成台灣民族獨立建國的大業。

—— 關於「起造國・家」史明文物館籌備計畫

留下新珍味，
重返那個意志卓絕的時代

文 藍士博 史明文物館籌備計畫協同發起人

空間 是記憶的源起之處，是追尋、傳承與銜接的橋樑。

物理性的存在與抽象信念的交織，讓我們得以相信其實無法重現的時間與空間、我們謂之為歷史的片段，能夠幫助我們在未來未知的道路上，即使躊躇，仍然可以勇敢地繼續向前走。

　　對於我們、或者台灣人來說，位於日本東京池袋的新珍味餐館，可能就是一個這樣的存在吧！

　　2015 年時張之豪（現任基隆市議員）傳來史明（1918-2019）歐里桑想要處分新珍味餐館的消息，我們很快地就在臉書上發起活動「# 留下新珍味」，鼓勵大家放上自己與新珍味的合照與留言，希望歐里桑理解：這間他曾經親自掌勺超過 40 年的餐館，對於新一代與未來的台灣人來說，還有不能放棄的意義與價值，是他必須留下來給我們的地方。

　　距離東京池袋車站西口不遠的新珍味，是一間位於邊間、有著略顯古樸的紅色外牆、每層約略 9 坪大而已的 5 層樓建築。雖然內部 1 至 3 樓曾經於 2009 年整修，但 4 樓史明歐里桑的房間、他撰寫《台灣人四百年史》的空間，至今仍然保持著過去的原狀。

雖然房間還保持著原狀，但是終究難掩歲月消逝的斑駁，有一處天花板略略塌陷，理由是白蟻或者是漏水的關係，目前還不能確定。屋內重要的物件之前已經先搬回台灣保存，不過我們想：只要能夠妥善地整理、復原，應該還是可以讓每一位造訪的人們重新返回那個意志卓絕的時代吧！

　　1952 年史明歐里桑乘香蕉貨船偷渡至日本，在經歷逮捕與釋放的折騰以後，重新與日籍女友平賀協子會合，開始了「擺攤子」、「炒大麵」的生涯。對於出身於士林望族施家、畢業於早稻田大學的歐里桑來說，「擺攤子」可能是他生命中的意外插曲。但是當他回憶起日本敗戰東京的蕭條景象、描述自己從生炭火、煎餃子、炒豬肝開始一步一步起造「新珍味」的時候。

我永遠都記得歐里桑的口氣與神情，是那麼地歡喜、雀躍。
我總覺得：新珍味就像他唯一且感覺驕傲的孩子。

　　我們都知道：史明歐里桑是革命者，更是提醒台灣人身世的學者、理論家，但是也不能忘記，掌勺幾十年的他還有一個正式的職業——廚師，而歐里桑的大滷麵與炒豬肝、餃子，更是許多人親口認証的美味。

　　「很好吃喔，歐吉桑煮的中華大滷麵真好吃，現在都還記得很清楚。我晚上都在他那邊吃，他說不用付錢，每晚我都會回去吃。可能前兩天他在忙別的事，都是他的小師父煮的，我已經覺得很好吃了。第三天他自己煮，咦，吃起來不一樣，真的很好吃。中華大滷麵會有蔬菜和湯，麵要煮的剛剛好有 Q 度，那個高麗菜前兩天是爛爛的，後來歐吉桑煮得很脆、很新鮮，吃起來會這樣「ㄆㄧㄚ」有彈性的感覺、很甜。前面兩天吃的味道，蔬菜和麵各自獨立，但歐吉桑的味道都是結合在一起的，形成另一個味道。」

獨台會案當事人廖偉程，事隔多年後仍然對歐里桑親手煮的大滷麵印象深刻，而那時候邀請我一起發起「＃留下新珍味」的張之豪，去年也用〈革命也要請客吃飯：史明料理〉這篇文章紀錄了歐里桑的「手路菜」，尤其是那每一口都吃得到肉末的咖哩。他寫著：「如果說，咖哩飯，肉就是最重要的資產，那史明的咖哩飯就是實踐了重新分配，每一口都吃得到肉，沒有一口被放棄。」就像史明歐里桑一樣，他每一秒鐘都沒有放棄，他每一個人都沒有放棄，他就這樣在新珍味煮了大半輩子的麵，做一輩子的台灣獨立運動。

所以如果說新珍味是史明歐里桑的孩子，那麼也許我們也可以說，新珍味是所有台灣獨立運動者永遠的家。

過去有多少人都曾經造訪、走踏這間每層只有十坪不到的小店，王育德、黃昭堂、郭雨新、鄭評、徐美、盧修一、艾琳達、陳菊、鄭南榕等，還有許許多多來自基層的蕃薯仔，他們都曾經來到新珍味，在榻榻米通鋪、黑板、大字報之間，再搭配一碗完美結合蔬菜、高湯與麵體的熱騰騰的大滷麵，打開自己原來是誰的視野。

2015 年「＃留下新珍味」活動引起網友不小的迴響，歐里桑也打消念頭，最終是留下了至今仍在經營，卻已需要修繕的、革命者的家。事實上，打從一開始我們就知道，留下新珍味，後續就是我們需要承擔的事情了。但是我們不想放棄，更不是只為了記住史明歐里桑一個人而已，就像楊翠老師在拍攝「起造國‧家」史明文物館籌備計畫宣傳片時所說的——史明及其時代——是為了史明歐里桑與在那個時代中每一位曾經為這塊土地努力打拼的台灣人，是為了想要留下新珍味，重返那個意志卓絕，至今仍然讓人想望憧憬的、每一位台灣人都應該記住的時代！

（原文刊登於「想想論壇」）

新珍味北京大滷麵 兌換券

那些在掙扎困惑中前行的決定

9月20日史明過世，9月28日進行火化，10月13日舉辦「振魂護國—與史明歐里桑再走一段台灣路」大遊行暨追思會。自史明過世後，史明教育基金會與眾多史明的朋友或後輩們，在心靈悲痛之外，也拒絕被時間沖淡帶走，因而產生「希望能留下什麼」這麼單純而無畏的想法。

眾人在這種想法的催促下南北奔走，只為了實踐史明的思想，和再次大聲疾呼內心的共同目標：台灣獨立。因此，希望能用史明的精神，將一般大眾串連在一起，「不能因為歐里桑的過世，台灣獨立的事情就結束。」於是，決定以文物館的方式，將史明故居賦予不同的意義。

史明教育基金會

在史明86歲生日那天，扶輪社的朋友與其共同慶祝，生日會中，討論到希望能成立基金會，讓思想可以發展。於是在多方籌備之下，史明教育基金會於2001年11月9日成立。

早在基金會成立之前，自1993年返台後，史明就一直四處奔走，開設台灣民族主義研習班、地下電台的發展、車隊的宣講等。從一開始在高雄鳳山成立辦事處，到來台北設置服務處，高雄、台北各有車隊，便開始進行全台各縣市宣講的實際行動。

地下電台的設立，須找尋適合的電台位置、測試機台得否使用。敏紅姊回憶當時為了找到一個適合發報的地點，開車在臺北各處繞尋找位置的過去，也坦言實在不是一件簡單的工作。電台碰觸的議題很廣，也有許多政治受難者願意來分享，當時一個禮拜一次，空中的東西，無形中影響了不少人，基金會後續在整理聽友的回饋時，就發現很多台灣人聽著聽著就會有自己的想法，「無形的力量在四處流竄，所能發揮的力量無法計算。」在車上的時間、聽進去的當下，無形中都是累積。

台灣民族主義研習班則每月開課，主要在晚年陪伴史明、重要的基金會人物敏紅姐與忠哥都是因上過史明的課，而終生在史明身邊與基金會幫忙，當時課程分成三個重點：台灣為什麼要獨立、台灣要怎麼獨立、獨立之後要成立怎樣的國家，同時也從四百年台灣人歷史講起，談論殖民與台灣意識的生成。

基金會成立之後，以「做大眾的事」為目標，開設合作社、開冰店、設立檳榔店，以支應車隊司機的薪水、做革命事業所需要的經費。對當時推動者的思想而言，敏紅姊是這樣回憶的，「大家常常說，就算只有一個我也會去，只要有接觸就是一次機會，看台灣可以怎樣發展。進步的種子播下去要看長期，不是現在做明天就會成功，尤其是說做獨立。」

1999 年左右就開始與史明一同居住、於2003 年搬往新莊住居的忠哥，回憶起史明的晚年生活，則說道十幾年來的史明，半夜睡不著、晚上走路的時候容易跌倒，長期下來的精神壓力、睡眠時間壓縮到四個多小時。很多人看史明可能是英雄，但最貼近他的人，就會看見多一層的複雜，甚至以失敗居多。

興建文物館的契機

史明過世後，基金會希望能做體制性的事情，「最重要的是『人』，要活下去的是人。人之上，才有經濟、社會、法律。要讓主體的『人』跟『思想』有所發展，要建立的東西就比較簡單，這也是史明回來一直做思想的原因。」因此，基金會開始著手整理史明的文書資料，把過往的錄影帶、論說整理好，讓年輕人可以看看當時的思想。

「文物館是一個實體的物件，要怎麼利用，透過一些活動將這個東西發揮到最高的作用，便是這個空間的意義。」除了展覽外，也可以是過往史明記憶的延續，在這裡包潤餅、搓湯圓、辦設營隊，創造一種內聚力，成為年輕人討論議題的地方，讓文物館作為「起家厝」，有一個地方可以分析思想與過往資料，有一個所在可以歇腳與思考基金會的未來。

有關文物館的名稱，也是為了回應上述的叩問，「起造國·家」，強調這裡是基底，台灣人的的家從這裡起家，有國、有家，而不只是國家，也在回應史明一直以來對於家庭的愧疚與虧欠，那些有關於一個人背後不可能是完人的檢討。

展望未來：困惑中前行的勇氣

　　史明基金會的董事之一、也是長期協助史明進行口述歷史紀錄的藍士博提到，對基金會的未來規劃，是希望成為台灣少數有辦法做到日台都有空間的基金會，象徵史明在日台兩地的耕耘與歷程，也促成雙方持續合作，像是每半年至日本舉辦發表會，邀請台灣政治工作者到日本交流，或是暑假舉辦營隊，邀請日本學生來台灣交流。

　　而當提及殘酷的事實，也就是史明會不會慢慢被歷史淡忘，「沒有覺得誰不會被忘記，史明基金會怎麼做、能夠創造什麼活動，會決定如何記得他的理由。」

對於文物館而言，呈現他的一生、呈現人生的複雜性、呈現那些人生中座落的不同階段與走過的痕跡，是目前可以做到的。

　　「保持複雜性，跟呈現他在結構下的限制，才可以知道他做了多少突破。」藍士博下了這樣的註解。台灣需要偉大的人，也確實有偉大的人，但如果把人以想得偉大作為出發點，就不會看到他的複雜。「就如同『起造國·家』，也是他的複雜性，對國、對家，對自己人生的整體反思。」

募資平台
如何讓群眾成為助力？

文 葉芊均

「起造國·家」
史明文物館台日雙館籌募計畫募資流程圖

11 月	討論文案、文物館的走向、募資影片 呈現內容、宣傳規劃，找設計團隊
12 月	準備宣傳素材、預熱問卷、 史明粉專宣傳規劃、呈現社群溝通重點
1/15	「起造國，家」史明文物館台日雙館 籌募計畫上線
1/19	第一階段募資達標
1/21	第二階段募資達標
3/31	募資專案結束，共募得 679 萬元

募資專案的緣分與起源

史明文物館的經費來源是透過募資平台募集的資金，自 2020 年 1 月 15 日募資上線，短短兩天內便募得 250 萬元，成功達標第一階段；1 月 19 日累積募資金額達 350 萬元，1 月 21 日共募得 420 萬元，成功達標文物館的營運資金，專案結束於 3 月 31 日，歷時兩個月半，總共募得 679 萬元。

史明基金會與 flyingV 的合作可回溯至 2015 年史明個展的募資專案，這次合作除了奠基於先前的緣分，也和募資專案的負責人——劉思寧密切相關，當初是由她主動接洽史明基金會董事藍士博，提出以群眾募資的形式籌措文物館的興建資金，因為有先前合作的默契，加上群募背後所代表的大眾力量，正是支撐著史明台灣獨立建國理念不可或缺的存在，於是在確立共識之後，便緊接著規劃如何執行專案。

首先是釐清受眾的特性，從關注台灣主權獨立議題的圈子中區分出大眾的年齡、職業和領域類別，其中尤以文化、藝術與音樂領域能觸及到最多潛在的受眾，因此募資合作對象涵蓋插畫家 Aray 與厭世姬、版畫家洪福田、音樂人柯智豪與廖小子等公眾人物。

接著是要找尋這些認同背後最大的公約數，募資期間時值台灣總統大選，台灣主權議題的討論熱度升到最高點，募資便在這樣的社會背景之下，更加突顯文物館背後所代表的時代的精神，也就是台灣主權意識的延續，以此召喚大眾的共感。

談及募資平台所扮演的角色，在 flyingV 創辦第二年便加入，至今經手過各式各樣專案的思寧認為，募資的發起根基在鼓勵創新的理念之上，且進入的技術性門檻較低，適合協助具有創新特質、潛力、但是品牌能見度不高的團隊被群眾看見的機會，只要團隊的理念先打動一部分的人，達成階段性的募資目標，便有機會讓理念在未來像滾雪球一樣，最終在群眾推動下實現。

興建文物館的契機

「但是光有動人的理念還不夠，專案之所以能成功的要件為能與社群進行溝通，並藉由行銷包裝理念，成功讓社會大眾成為助力。」思寧進一步補充史明文物館之所以能達到如此耀眼成績背後的原因：「以歐里桑所宣揚的臺灣主權議題來看，其實是攸關於台灣社會中每一個人，在這樣的理念背後，很適合發起群眾募資。」

專案名稱取做「起造國·家」不只以台語的元素呼應史明的終生奮鬥的目標，還特別在視覺設計上分開國和家兩個字，傳遞出起造國家不只有國，更呈現出我們對於國家的認同程度，將如何影響到家庭生活，甚至是關乎每一個人的價值選擇與生活環境。

為台灣主權意識存續點一盞燈

在籌備募資專案的過程中，思寧更進一步認識歐里桑的為人，更加欽佩他終其一生為台灣主權奮鬥的毅力，他做這些事不是為了在年輕時飛黃騰達，而是到晚年仍不放棄向大眾宣講理念，如果將他的生命長度置入考量，也已經很難在近代史中找到一個和他相類似的人物。

在結束募資專案後，史明文物館將陸續進行內部整修與文物整理的工程，談到對於文物館未來的期待，思寧認為應多著重於如何讓史明文物館的意義不侷限於保留文物資料，讓它在靜態展示之外，進而彰顯出台灣主權意識存續的精神。

2019. 攝於 阿才的店

走進大眾，走向未來

Freddy 從音樂到政治的「實踐哲學」

文 歐孟哲

「他知道我在參與社會運動，也在做音樂，就會一直提醒我，做音樂的事不能放棄。」從在台上以黑腔金屬嘶吼台灣傷痛與抵抗交織的歷史，到穿上西裝、走上立法院的質詢台，稱號「鬼王」的閃靈樂團主唱 Freddy——立法委員林昶佐沒有忘記，歐吉桑從第一次見到他，就始終耳提面命的一句話。「他常常說『大眾（tāi-tsiòng）』，理念要進入大眾，音樂是一個很好的平台」。

高中啟蒙，從「書」思索認同

Freddy 回憶起自己還在唸書的時候，國小時在學校講台語還會被罰錢，一路升學唸的也都是國立編譯館唯一版本的歷史課本。學校教的、老師口中說的，都與自己在這塊土地上的成長經驗明顯斷裂，促使他在高中的時候，開始辯證「認同」的問題。學校的四面圍牆中找不到他要的，就翻出牆外，讀那些牆中不曾出現過的陌生名字。高三升上大一時，發現誠品開始多了一個角落，書架上方寫著「臺灣研究」，底下的書則有史明、黃昭堂、苦苓、李曉風、黃文雄、賴和、楊逵……那是他最早碰到「史明」兩個字，但在當時他其實也不知道這些名字有什麼意義。對於第一次踏出牆外的青年來說，自己腳下的土地，就像是馬奎斯《百

年孤寂》中最一開始的小村莊馬康多，許多事物還沒有名字，得用手去指，但讀多了，總是能夠累積起足以追溯身世的詞彙。

面對對當時的自己來說「名不見經傳」的作者，寫的又都是與過去所學相悖的知識、史觀，難道不曾產生懷疑嗎？他說讀這些書這其實不是真假的辨識，而是認同形塑的過程。「那時候的掙扎和辯論，比較不是針對書上的事情說那個是真的還假的，比較多的掙扎是，我到底是中國人還是台灣人。」在那個教科書都還寫「我們是中國人」的時代，這些「無名氏」所記下的知識，是積累出個人的養分。「要去說教科書上教的東西我相不相信，就是要去看很多書，變成資訊的來源，累積出自己的看法，變成你怎麼去認識、解釋這個社會」。比起真假，書中更多的其實是觀點的問題，他最後補充。

站在土地上，走進大眾裡

早在對台灣人認同的啟蒙之前，Freddy 其實更早立志成為一位音樂創作者，而閃靈樂團以台灣的神話與歷史為基礎創作的重金屬歌謠，則是兩者的結合。對他來說，這是一種自然而然，重金屬的曲風在傳統上本來就時常搭載國族傷痛這樣的沉重主題，台灣四百多年的外來政權與殖民，也理所當然成為他創作的來源。「作為一個台灣人，作為一個創作者，你沒有辦法感受到這個土地上歷史的糾結帶給你的情感，那是跟土地很疏離的。」就算只是作為人，都還是在這個社會的脈絡裡，感受、回應社會的脈動，也就成為一種理所當然。

氣勢拼山河石獅嘛喝振動
意志撼天地虎爺嘛來護航
苗生衝雲頂　文毅鬥武藝
義理堂堂　天理昭昭　歷史明黑白

直到出道第十三年發布的專輯《武德》，閃靈不只唱台灣的過去，也在〈共和〉這首歌裡，加進對「新共和，新國家」的期望。一段副歌中，就藏進戰後日本接收台灣初期，分別在三地以武力抗日的簡大獅、柯鐵虎、林少貓，再到後來戰後倡議台灣獨立的廖文毅、黃昭堂，最後以史明作結。時間跨度超過百年，核心的關懷卻是同一個：記下面對政權的反抗者。這首歌的緣起，其實就是歐吉桑對 Freddy 的心心念念。知道閃靈的歌會寫台灣歷史跟神話，史明好幾次在跟 Freddy 的聊天裡提到，透過歌曲，可以把過去這些人的反抗意識給融合進去，「會想寫這首歌，其實就是歐吉桑給的建議，他基本的哲學就是，做社會運動、做台獨這些事情，一定要想辦法打進大眾的生活裡、他們的心理」。

「直到我從政以後我去找他，他都還是告訴我不要放棄音樂耶！」已經臥病在床的史明，

心心念念的，是運動的「全局」。「他一直跟我講說，政治也很重要沒錯，選舉也很重要沒有錯，但音樂不能放棄。」那是進入大眾的關鍵。直到過世的前幾個禮拜，僅管 Freddy 幾次推辭，史明都還是要捐錢給他，以行動支持他進入體制，但「言行不一」的是，史明口中叨唸的，依然是要 Freddy 繼續創作，彷彿這些歌曲是一條過去反抗者理念的命脈，即使選舉贏得再多，斷了，就是少了一條與大眾相接的通道。「我也不是答應他，但我還是會繼續創作，這已經是我抒發情感的一種習慣了，我就是一個創作者」對音樂的堅持，就像在應證史明的觀察：其實 Freddy 自己就是「只能音樂」的那種人，走入政壇之餘，他也繼續靠創作，影響另一群「只能音樂」的人，打破政治與大眾的分野。

以繼續往未來前進」。對他來說，史明文物館為歐吉桑生前的思想留下紀錄，為的正是繼續啟發後來的年輕人，該如何行動。對現在投入史明館的夥伴抱持著信任，他也相信，未來進入史明館的每一位觀眾，都可能成為台獨運動的下一批運動者。史明的哲學，是「實踐哲學」，不論是在音樂或是政治，每一個面向大眾的場域，Freddy 變換聲調，唱的是堅定不移的同一份堅持。

走進記憶過去的文物館，成為面向未來的行動者

許多人都曾經擔憂，進入體制後，做台獨運動好像會隨著體制中必須面對的各種「規則」，而漸漸難以是第一優先，但 Freddy 卻提出不一樣的思考。「我們要很清楚的知道，我們做這些對台獨有什麼幫助」他以修憲的倡議為例，要透過一次性的修憲，把原先為「中華民國」量身打造的憲法，修成「台灣國」的憲法，或許不切實際，但透過修憲的討論，可以讓大眾、讓更多有意識的年輕人更進一步發現的，許多問題其實出在憲法。歐吉桑生前「打入大眾」的哲學，他在不同的領域中繼續實踐。

他期待的史明館，也是精神的延續。「去那邊不是為了想以前，去那邊是為了讓你以後可

「很怕味道跑掉」

室內設計師 Rebecca 對文物館的羈絆

文 黃脩閔

1 至新莊故居了解狀況
2020 年 1 月 17 日第一次至新莊故居，之前曾經因為訪談或新聞畫面，看過客廳的角落，卻是第一次看到房屋的全貌。

2 丈量圖面、申請官方文件圖說
送審查前，須先知道該建築原先的樣貌，以及對比現在的差異性、要修正的方案。

3 跟市府溝通、進行室內裝修審查
為了取得登記的使用執照，須送合法的裝修審查，也因為過程中發現原始圖說與現況建築有差異，故需要來回溝通。

4 住宅用途變更為辦公室
原為住宅用途，將變更為史明教育基金會辦公室，未來文物館也將預留辦公室，使基金會得以長期運作。

5 取得施工許可證
為使六月順利施工，須取得施工許可證。

6 納入結構技師檢討、結構變更部分並行審查
由於官方文件的圖面中，不若實際建築有樓梯與樓中樓的設計，設計單位需要概括承受過往未送審的結果，故需要找結構技師討論，並就挑空與樓梯兩處變更部分並行審查。

7 從圖面到立面：空間設計與理念溝通
從文物館的動線設計、欲保存或加入的元素、如何配合展示空間、符合預算需求，都是需要不斷討論與溝通的事項。一開始先畫圖面、調整尺寸，再透過立面圖，了解相對的透視關係。

8 開始施工：從拆除到裝修
自 2020 年 6 月開始施工，一開始最大的工程點為拆除，要先將地板打掉、找到漏水來源、處理清運與配管等，接著做一般裝修，從硬裝到軟裝，預計於 11 月時大致完工。

從建築師到室內設計師

史明文物館是 Rebecca 自己創業後所接的設計案,過往也曾待過建築師事務所,當時的工作是以社區為主。對 Rebecca 而言,建築師與室內設計師有許多不同,前者較注重量體與建築物結構,由於做的多半都是大規模的住戶區,目標是以最大公約數的需求吸引大量的人購買房屋,因此不會仔細丈量室內平面量體。 室內設計師則相反,需要更為細緻的去與客戶討論生活需求與使用習慣,不再只是希望吸引大多數人會有所興趣,而是針對特定個體去設想他真實住進去後的感受。以這次而言,既要符合文物館展覽的需求,也要使回憶能夠斧鑿於形體之上,「很怕味道跑掉」,Rebecca 是這樣說的。

保存與傳承的記憶

「如果是設計住宅,要思索的事實際使用者的需求;然而對於文物館而言,使用者指的是管理者,還是來參觀的人?」Rebecca 對自己發出的叩問,無疑是在設計時最重要的靈魂問題。來參觀的人,他們對史明的情感、對這個場所的戀舊,都可能是共同的記憶,對於空間的感情一旦喪失了附著,過往的回憶也可能會抽離,留與不留之間,都是佈展空間的設計理念與呈現效果。 從 2003 年居住在此,史明在這裡走過的十六年歲月,使這裡富有特殊的意義。史明教育基金會的敏紅姐提到,餐廳的「木圓桌」是重要記憶的凝聚,代表以前大家一起在此搓湯圓、包潤餅、吃咖哩飯的回憶。也因此,Rebecca 以這些老朋友對這邊的記憶,在特定區域復舊,盡可能地保留原貌,從史明的房間、床頭櫃與床的擺設、客廳的配置、木圓桌與餐廳,到扶手的顏色,「很怕感覺不見」,Rebecca 如是說。

> 小插曲
>
> 如果你有注意到,上樓的過程中,兩端的樓梯扶手其實不盡相同,顏色較淺的,是前屋主知道史明要來住而特定加裝的,原本設計師計畫將扶手換新,但討論之下,為了保持這份心意,決定請鐵工稍微打量微調即可,突兀顏色的扶手將繼續保留。

起居空間裡的史明身影

Rebecca 之前曾在表哥家讀過史明的書,後於太陽花運動中望見史明。對她而言,一個長者能夠如此關注學運、喜歡穿牛仔裝,是非常新穎的存在。雖然沒有積極地參與每一場社會運動,但 Rebecca 一直以來都有持續關注國族議題跟台灣政治。
真正到進入史明的起居空間,Rebecca 不斷在思索這之中有無產生某種「落差感」。她一直相信,一個人無論在外面的事業形象如何,回到居住地後,都會變成簡單的人,簡單的想法與生活,史明也是如此,所以他把書放在床與床頭櫃上,想著獨立與革命,並不完全在意居住的整潔或舒適程度,甚至沒注意到白蟻於櫃子中的萌生,生活空間的單純,並沒有任何裝飾與額外的加工,用最低的預算維持生活,這是 Rebecca 所觀察到的空間背後的人物,其生活精神與原則。

設計與施工過程中遇到的各種問題

白蟻對文書的損害，消毒過後，是否能完全阻絕白蟻再次出現？

消防安全的確保？

水電管線的配置、廁所的防水性如何確保？

彩繪花窗的定奪，
使用的材質，如何兼顧效果、預算與消防？

對募資者的回饋，如何呈現於建築中？

展望未來：對史明文物館的期待

　　Rebecca 希望能在文物館中創造一個空間感，讓有參與過此處生活的人有認同感，而不是全新的當代藝術，讓曾經有過的生活經驗、曾經的使用者，可以延續情感面；而針對展示空間，透過對生平的描繪，不同展區對應到史明的不同時代。其所受過的啟發、撰寫過的書籍，搭配半閱覽的閱讀空間與特定時段的導覽，一直到可能有營隊進駐的住宿需求，都有在 Rebecca 的設計規劃裡。希望更多年輕人藉由文物館的落成，可以理解到這個人乃至於其理念背後的台灣意識。

在街頭學習，以設計致意

——訪問「起造國・家」執筆人廖小子

起造國家

廖小子

....

嘉義人，高中以後在高雄生活，2009 年北
上至今。從事設計工作，也參與拍謝少年
演出，是樂團的隱藏第四人。

文 藍士博

　　來自嘉義的廖小子，從小就希望自己可以成為一位勇敢表態的人，只是
沒想到長大以後，這個社會卻總是將表達、闡述意見的人當成異類！

　　走進他的工作室，工業風與整面裸露的紅磚牆直接佔據了整個視野，陳
列的作品除了拍謝少年專輯封面的原稿以外，還有牆壁邊靠著的、為鄭南
榕基金會專書封面寫的書法，密密麻麻的，彷彿可以想像他創作時的樣子。

社會議題設計師

「開始寫字（意指設計），就會寫到整間屋子滿滿地都是字。」

也許是因為近幾年經常替社會議題捉刀，也為銅鑼灣書店、鄭南榕基金會與史明教育基金會動筆的關係，很多人對廖小子的印象，可能就是「那個看起來粗獷、壯壯地，騎車常常被警察臨檢，專門做社會議題的設計師。」

但是其實一開始到街頭參與社會運動的廖小子，心裏想的卻是完全不同的念頭。

「台灣社會不缺我一個設計師。」「我參與社會運動，是想以我的體格，可能在現場還可以負擔其他事情，可以更多做一些什麼！」然而當他抱持著付出、參與的初衷，來到街頭以後卻有更多意想不到的收穫。

「318的時候，我本來覺得現場應該不缺設計師，但是缺乏能夠在第一線的抗爭者，所以去到現場。但是當我在現場看見許多手繪，許多真正誕生於街頭的海報、文宣的時候，就深深地被這些直觀、原生，充滿野性的作品吸引。」「社會運動其實是我學習的養分，而社運的美感，其實是先發生，然後才整理歸納的，不是我或者誰刻意去創造的。」

至於問到近幾年來為什麼經常接與社會議題有關的設計案？

「因為別人不接，所以就找上我了。」（笑）

「起造國‧家」的出發點

關於「起造國‧家」，廖小子直言：「接這個 case 對我來說，是不需要考慮的一件事。因為鄭南榕、史明等都是我很敬佩的人，所以不管事情大小多寡，我都很願意做。」他談起之前與拍謝少年在加拿大巡迴表演時，曾經聽過老台僑訴說、評論史明歐吉桑在日本的付出與努力。因此認為：

「在日本的史明歐吉桑，是真正的實踐家。」

廖小子舉例：以前人家說「台灣人好騙，歹教。」但是史明歐里桑不是，他既不好騙，也不好教。他有自己的獨立性，跟貫徹實踐的能力。而他珍惜這樣的精神，希望能透過自己的設計，讓台灣人記住：
我們台灣人也曾經有過這樣子的「基因」，也可以有這樣頑強的選擇。

所以，除了不將收入列為優先考慮的條件以外，廖小子就是將史明歐里桑這個設計案認認真真地、比照正常的設計案來處理。關於「起造國‧家」，他說：「國與家這兩個字為什麼相連，那是因為我認為國與家應該是一體兩面的，沒有先後順序的問題。我們需要將這塊土地當成家，然後才能自由自在地把家當成國，國與家是平等重要的。」

事實上，這並不是廖小子第一次替史明歐里桑題字。鄭文堂導演的作品「史明的迷霧叢林」，題字也是出自他的手筆。

「那時候比較冷靜、客觀，加上影片內容也各有褒貶，所以字體比較有流動性，希望創造迷惘的感覺。」「起造國‧家這次就比較確實了，我想要試圖表達的，是『傳遞信念』這件事情本身的重量。」

從土地長出的設計

談起創作過程，廖小子說就是一直寫字，寫到整間屋子到處都是字。對他來說，寫字是一種找尋，也是一種療癒。透過不同的字體，比如暴走族那種勾勒分明的樣子，或者也嘗試延續史明的迷霧叢林那般，嘗試呈現這一次的創作概念。

「後來我決定是一種步伐的感覺，踏實地踩在地上，腳舉起來的時候，甚至會帶起一點塵沙的那種感覺。」

提起創作，他終究還是有他的秉持與關懷。廖小子說他的創作來自他每一天的生活、來自他的背景、生活的空氣。所以他不太想把設計變成理念的工具，更不認為我們可以透過特定一位創作者的作品，就能夠找到所謂屬於台灣的視覺。他認為：唯有透過集體創作者的作品呈現，才有可能歸納出台灣之所以與世界不同的視覺。並且舉例：「招牌與夜市，那些你以為混亂的，實際上卻是最容易被分辨出來的，屬於台灣這塊土地上的視覺。」

於是，始終在街頭學習，用設計保存台灣人「基因」的廖小子，期許自己能夠用設計讓社會運動更有質感，吸引更多人關心、注意。

「有更多人注意，整個社會的大環境才會更好。大環境更好，社會更開放，創作才能更自由，每一個人都可以勇敢表態，不用再擔心被別人當成異類。」

史明本人像是一個活歷史，活在歷史裡的人

——A Ray 筆下的歐里桑

文 黃脩閔

A Ray，一名圖文畫家，用畫筆實踐他認為對的事情。這次的募資中，他繪製了史明與阿華一系列從料理出發的對話，對 A Ray 而言，第一次知道史明，是在太陽花學運的現場，從漠不關心政治，到在網路上搜尋到史明所從事的事情。「史明本人像是一個活歷史，活在歷史裡的人」，也因此，「可以為史明畫一張畫」、「對台灣社會有幫助」，便成了 A Ray 接案的原因。

設計來回的過程

在過程中，史明基金會提供了不少史明的照片與資料，幫助 A Ray 建構更全面性的、對史明的了解，舉凡史明說話的語氣、神情的再現，都希望能符合基金會與舊雨新知對其的期待。從文字稿的處理、腳本通過後，開始畫草圖，一路到最後的定稿、募資的宣傳，期程固然很長，但在來回的修改過程，真正創作的時間並不多。

說起繪製的過程，A Ray 一開始沒有想過要跟阿才的店搭配，後因 2020 年 2 月 21 日老闆阿華過世，希望能以兩個不在的人，塑造一種在天堂對話的感覺。面對畫面中兩個坐在一起的人，塑造其人物的立體感，要透過神韻的刻畫、動作的描繪，A Ray 在圖畫中放入微小的肢體語言輔助，包括坐姿、手指角度的變化，去呈現當時的場景。

在一連串共七張圖的鋪排中，一開始刻意以不露臉的方式進行，講的是史明跟阿華的拿手料理，循序漸進帶入兩人的對話。若熟悉他們的朋友，在前面就能辨識出特色，最後才是頭像。從牛仔裝、鬍子、髮型、眼袋的描繪，對有漫畫夢的 A Ray 來說，史明就像是活在漫畫裡的人物，從對理念的堅持、生平經歷、心路歷程與一直以來的姿態。

歷史漫畫的可能性

成為著名的插畫家後，A Ray 並沒有忘記心裡的夢想：成為一名連載漫畫家。他也在訪談中提及「歷史漫畫的可能性」，A Ray 對社會時事與政治議題的關注，讓他開始回頭區思索

歷史脈絡對於現今社會的影響。而歷史的呈現樣態，可以透過漫畫的形式，運用史實、消化成有趣的展現方式，塑造鮮明的角色感，讓民眾可以經由漫畫劇情、角色帶入而願意去理解那段過往的歲月，也可以扭轉歷史停留在有限的同溫層讀者的現象。

前一陣子，A Ray 與慢工出版社合作，創作了漫畫集《夜長夢多》，漫畫集以國家暴力為核心，從「監控」、「審訊」、「酷刑」、「粉碎」及「行刑」五階段，去還原與剖析白色恐怖下的威權統治。A Ray 選擇以黑暗暴力的風格呈現「酷刑」的意涵，創作的同時是時

空交錯的情感投射，一方面聯想到柬埔寨的屠殺博物館中，大量的屍體堆疊起來，是對生命的蔑視；一方面也回想起台灣過往面對的歷史；猛然抬頭，卻又連結到目前中國對於異議人士與少數族群的作為。

二十頁的漫畫，雖然只是短篇，也非真正的連載，但可以透過自己的筆，畫下心中的想法，又能以漫畫的方式呈現。這不但是 A Ray 離夢想又更接近一步的過程，也是我們更往土地的歷史脈絡靠近的媒介。

畫畫的力量

「以前把畫畫想得很單純，做自己喜歡做的事情，能靠喜歡做的事情賺錢，就會覺得很滿足，現在則因為有讀者、有一定的影響力，就會想要改變一些人。」也因此，A Ray 曾利用圖文呼籲大家返鄉投票、聲援香港、關心新疆議題，與不同的人對話，除了做自己喜歡的事情，也可以帶給別人不同的改變。

在訪談的過程中，每提到一幅作品，A Ray 總會先詢問我是怎麼看待。顯然在他陳述創作理念之前，更在意的，是擁有不同生命脈絡的人對同一圖像作品的不同觀看角度。比起把話說死，他更喜歡創作所創造的思考空間，讓每一個人運用自己的生活經驗，衝撞圖文的不同面向。

A Ray 確實曾因為創作題材而損失工作機會，無論是中國市場或是某些希望刻意移除所有政治色彩的廠商，確實都會因 A Ray 過往的創作而退步。然而，借鏡香港、談創作的噤聲，對 A Ray 而言，「香港在處境這麼困難的情況下，都有許多創作繼續產生，如果連在台灣這麼自由的地方，畫圖都無法明確表達立場，那萬一未來真的有危急時刻，那時候怎麼辦？」A Ray 的眼中沒有一絲閃爍，溫和而堅定的力量。

復刻與還原：對史明文物館的期待

A Ray 對文物館的期待，可以用「還原」兩字概括。就像好奇漫畫家的工作場域如何、怎麼套用每個角色，自然地，也會想知道這個人在生活中的樣貌為何。

空間承載人移動、居留的軌跡，空間內滯留的瑣碎生活雜物是生命未曾包裝過的樣子，亦投射出曾經有怎樣的生活累積。如果能用一本攝影集，去拍攝沒有整理過的房屋的生活實態，那或許就是我們能還原一個人最真實樣貌的方式。

而這次，文物館也是希望能展出史明生前居住的樣子，透過復刻與還原，將革命者在一個空間當中活過的漫長歲月濃縮，透過參觀者眼睛所看、身體所感、耳朵所聽，進／浸入史明生活的每個細節，感受一個革命運動家的每個日常。

沒有土地，哪有藝術

——洪福田筆下的史明

文 黃脩閔

「在本次募資專案中，洪福田先生主要負責的為版畫，展現於燈箱中，以史明歐里桑拿著擴音器宣講的畫面，搭配革命基地與戰鬥車，來符合老人家一生為台灣這塊土地奮鬥的形象。」

洪福田原先做的是插圖，近年開始嘗試傳統工藝美術的「水印木刻」版畫，在機緣之下與藍士博等人有所結識，也因為理念因素，決定接下此合作案。

作品使用燈箱的方式，放置兩個燈片：一片為洪福田版畫作品，另一片則是日本文豪武者小路實篤贈與史明的題字作品，文字內容是「團結就是力量」。兩個作品相互輝映，燈箱中的光芒，照映著史明歐里桑的身影。

修改過程

　　由於版畫的繪、刻、印，過程十分繁複，木板一旦刻印，也無修改可能，故在討論的過程中，皆是以「數位版畫」的方式呈現。

　　一開始洪福田以自己印象中的年邁老先生形象，作為奉獻一生給這片土地的比喻，文字則以「先作一個好的人，再成為台灣人」呼應。原本欲使用黑白色調呈現版畫較強烈的畫面，空白的視覺則可以凸顯孤獨奮鬥的感覺。　在後續的討論中，決定將原先略為老態的畫面，修改為賣力吶喊的拿大聲公，象徵朝氣活力的形象，文字則改為「台灣獨立」一詞代表史明的一生志願。也因為黑白並沒有原先構想的強烈效果，決定加上色彩，而變成最後的定稿作品。

眼中的史明

　　洪福田印象中的史明，一開始並不是以台獨推動者的身份在其心中烙下印象，而是因同作為文學愛好者的分享，而對這個人有所認識。最早是因為「活水來冊房」主人的分享文，提及請史明先生在收藏珍本簽名，最後卻將珍本回贈的插曲，史明的身影才進入了洪福田的生命。

　　在之後的歷史爬梳下，洪福田漸漸理解史明的生命歷程。從在日本時代左派社會主義思想下到中國加入共產黨抗日，不滿共產黨作為返回台灣，又因國民黨對待台灣人不公，企圖反抗行動失敗被迫流亡日本，此後一直推動台灣革命運動至生命結束的現代。對洪福田而言，史明先生已經用一生跨越不同時代，足以證明台灣這塊土地，只有做自己的主人，才有將來可言。

作品中的台灣意識

　　台灣的美術教育長期在「唯有讀書高」的風氣下被忽略，過去多強調臨摹他國風格，加上威權統治下對台灣本土意識的缺席，許多創作作品皆無法反諸吾身、回饋台灣這片土地。　洪福田工作多年

後，開始創作台灣相關題材，如人物「紅目達仔—遊唱詩人陳達」、動物「披著簑衣的行者—草鴞」、土地「小琉球之歌—山豬傳奇」的漫畫創作，才慢慢奠定了「本土化」的創作方向。

透過搜集資料、考究過去，閱讀台灣歷史，重新認識這塊土地，洪福田繼續創作，「赤崁再記—我的西川滿」限定本，促成學習「水印木刻」版畫的始因，也在這些作品中得到眾多回饋與迴響，過程中不乏引發許多外國人對於台灣文化的欣賞。「越在地化，越國際化」的觀點，得到證實。

「我的台灣、我的台灣味，就是走入基層、走進民間，走踏土地的角落，觀察巷弄生活，拍攝、筆記、寫生，自然就會找到屬於自己的在地味、土地味，和所謂的台灣味，那是一種土地的認同。」對於洪福田而言，創作是一趟從剖析內在、追根究源，直到發現與再創造的過程。對其而言，創作的意義，從小時候的興趣，變成長大的餬口範圍，再成為傳承與服務大眾的媒介。一路以來，傳承水印木刻的台灣傳統版印，也積累台灣自身的文化與美術，洪福田一直踽踽前行。

對史明文物館的期待

　　對洪福田而言，「自由民主」是豐沛創作力的推動基礎，思想一旦被箝制，創作也會跟著停滯。台灣在歷史上的發展，歷經前輩的付出與犧牲，才勉以得以民主自由的滋味，繼續努力前進。史明文物館開設的意義，便是留下這些印記。「真心希望將來開館，很多人參觀，並帶著孩子一起認識，前人是如何為這塊土地付出一生，他的為人、他的思想、他的行動力與他的犧牲。」洪福田如是說。

作家葉石濤先生說：「沒有土地，哪有文學？」，對洪福田而言，他想說的是：「藝術也是。」

時代留下，時代往前
——小康╳謙賢 的社運攝影對談

文 歐孟哲

黃謙賢，曾出版《三一八暴民展》。小康，本名康泓齊。兩人都是以鏡頭作為武器，身兼衝組與觀看者雙重身分，在街頭打滾的社運攝影師。從三一八到史明最後的鎮魂護國大遊行，他們都不曾缺席。這次就以對談的形式，請他們從影像後現身，分享自己的觀察、經驗與思考。

紀錄時代

Q：在社運現場通常都是怎麼選擇拍攝對象和畫面？會特別想要去捕捉什麼樣的場景或是選擇特定的人物做拍攝嗎？

小康：我習慣用第三者、旁觀者的角度去拍。開始拍照是從去日本唸書的時候，從京都開始拍。那時候因為好像只能去一年所以很珍惜生活，京都也很有多老房子在被拆掉，就會想從日本回頭看台灣，也會嘗試在網路上開始去寫，但就是呼籲，不能改變什麼。後來回台灣

參與一連串的活動，像三一八，下班後跑去，就是不涉入，因為誰都不認識也有點脫節。只是想說新聞會醜化這些運動，社運現場沒有人有空拍，沒辦法反擊，那就覺得自己可以去紀錄，所以不太去介入，就只是去拍下來，從這樣開始。不會特別拍誰，因為一開始也不認識大家。大家會有一種防禦，就慢慢從一個旁觀者，開始覺得需要跟這些人認識，像反課綱，有信任就會先講，但在現場還是用一種不涉入，向衝撞現場，才開始去思考說如何涉入，拍到什麼畫面可以去凸顯出，

謙賢：抗爭場合深入其中的時候，有很多是不得已，我不會在那樣的氛圍跟強度下去預設說要拍什麼樣的畫面，因為很多畫面不是主動，而是被動、強迫發生，像一場社會運動一定是大面積的，類似這樣的社會運動會去針對人。雖然一場公民運動的產生好像都是一定要叫出一個人，但一場運動回去看不會只在一個人或兩個人的身上，所以應該是去看說為什麼會讓人要站出來，拍的時候就不會去預設說這是誰誰誰的場，就要去拍誰。
我覺得應該要想到，這個階段的社會運動，在五年後、十年後，會有

什麼樣不一樣的影響，十年後去看到這些影像的時候思維是什麼，會比個人還要更重要。

Q：認為「攝影」的意義是什麼？攝影可能不像文字是很直接的說出想法，為什麼選擇攝影作為自己表達的方式？

謙賢：人都是會拿自己最熟悉的領域，跟自己手上有的工具去當武器。我就不能寫，寫了沒人要看，但我影像上去，文字就會非常簡短，影像出來其實也沒有要任何的答案，就是想要不管誰看到這個影像，可以透過自己的經驗、經歷，會有自己的共鳴點和反思點，去讓自己的思維有所轉動，而不再是說向媒體一樣，我丟給你你就是吸收，很多東西都不該是這樣子，所以很多有在關注我的臉書，會看到這個議題沒有錯，但跟現階段任何記者和媒體是不一樣的。這個不一樣是他們要自己去看。
我拿著相機可以去當記者啊，但我自己很排斥，覺得第一線記者，有第一線記者的悲哀，有可能是記者拍了但沒辦法用，思維經慢慢被人家轉變，但這也是選擇。所以會希望可以讓看的人對這些議題有自己的思維和反思。為什麼媒體會那樣拍，要讓台灣人去想，才會去改。

小康：一開始說要保存是真的，中期就是說幫你留下這個畫面，看要怎麼用你就自己去用，到後來去參與政治工作，有發生一件事，在投法案的時候，明明有一個立委都不在，結果每個案都有他的票，我覺得蠻有趣的是，記者也注意到，但記者討論的是要不要報、有沒有新聞價值，但我就看到、拍到偷按

的瞬間，就把照片傳出去，就鬧成很大，後來被迫要道歉，就去確實執行議事規則，明顯已經離開就會去把卡拔掉，這個例子就是說，我不是去修理誰，我考量的就是我丟出去、引起討論、就改變。那時候就是看到兩個不同黨的立委站在一起，但其實我們拍到的話是各黨派的人就是分邊站，但媒體只截取自己要的，所以我就把照片拿出來。

Q：怎麼看待自己在一場社運中的角色？如果說是以「紀錄」作為自己的定位，怎麼看待「紀錄」對於一場運動的意義？會期待自己的照片對觀看者或社會發揮到什麼效果嗎？

謙賢：我自己很難去預設自己扮演什麼角色，因為你只能參與，但沒辦法去預設自己的角色是什麼，就是很單純的想說要去參與，在一個很大範圍的運動中、怎麼樣透過這一個過程，讓你的畫面結構能有更完整的呈現，動態攝影可以呈現很完整的脈絡、靜態攝影可能就是幾張就蓋過去了，但在運動過後怎麼能有很完整的照片去支撐整個運動，這在拍的當下是未知的，只能盡量朝向一個方向，只有在這樣的思維裡，才能再那樣的運動氛圍中去拍想要的畫面。遇到的時候怎麼去把握那個千分之秒的時間，拍照不是拍得多就贏，時代太方便，大家太隨便，因為自己以前是玩暗房的，是很準確的，在這樣的架構之下，會希望在發生的一開始，就是——你根本不知道他什麼就會結束——就是做到完。只是一天兩天不配做記錄工作者，那是台灣演變的過程。

小康：針對議題的紀錄跟到差不多的時候，會開始關注參與運動

的一些人，因為一場運動不是只有那幾個人。一開始是想記錄自己的生活，因為那些東西結束就沒了，一開始拍長輩都是隨時拍，帶著這樣的習慣到現場，感嘆也很深，就覺得自己帶著很多資料庫，長輩會來問說有沒有拍到我，反課綱那時候的小朋友也會問。像那時候我拍三一八的一個運動者，媒體就只說他是太陽花外語組長，但我就有拍到他的生命。或是在抗爭現場，是不可能倒帶重來的，是在拍歷史、一個活動的發生，有記錄下來，用在個人、用在回憶。

時代切片

Q：是怎麼認識史明的？對史明的認識是什麼？為什麼選擇史明做一個重要的拍攝對象？

謙賢：我紀錄歐吉桑是已經紀錄很久了，所以知道這一號人物，他出來後，就會去做這樣的安排，紀錄是循序漸進沒有一個很明確的時間點。

小康：我在日本留學期間有大量閱讀日中台的書，因為喜歡用第三者的角度，從日本往回看，那時候看到史明，那就好像一個歷史人物。跟認識 Freddy 很像，朋友推薦我去聽他的歌，民謠版那張，看了歌詞才嚇一跳。真的認識是三一八以後，在現場去拍到他們，那時候還沒有把在書裡面看到的那個印象串在一起，就是用第三者的角度在拍，是在整理畫面的時候才嚇一跳想說那就是我那時候在書上看到的人。

Q：在拍攝的時候有觀察到史明有什麼樣的個人特質嗎？會怎麼呈現這些特質？

小康：對歐吉桑沒有到說很熟悉，印象最深刻就是用老一輩的抗爭去跟年輕人的抗爭去區分，歐吉桑這個人是老一輩的，但他還是很開放的參加每一場，也只是在邊邊而已，就是去激勵大家，去看顧著大家，很佩服這一點。也不會去批評什麼，就是會在，一直都在。像是大家會說歐吉桑被騙錢什麼，他也不會去細究，就是有一種他就是在那邊的印象，只要是同一邊的。

謙賢：他個性很《一ㄥ，體會最深的就是敏紅、阿忠，就是受過日本教育的，那個《一ㄥ的質是很像的。但會比較感動的是歐吉桑的後期，都在新莊、醫院記錄歐吉桑，把重點放在歐吉桑跟敏紅、阿忠的互動，這個互動是生活、自然、直接的。會因為歐吉桑的信任，可以去記錄到很多東西，生活中大大小小食衣住行，會覺得看到很多歐吉桑在外面人家看不到的面向，就像我們生活上會發生的事情，敏紅阿忠都會罵歐吉桑，就像大家都會對自己的家人比較壞，那是架構在一個信任之上，不管再怎麼罵你，就是不會離開你。歐吉桑在家裡的生活是很重要一個環境，也是屬於他人生一個部分，因為這個過程會更了解。大家都知道敏紅、阿忠很辛苦，但那個辛苦是什麼？是很細節的。我一直沒把這些照片放出來。「台灣人萬歲」那些我們都知道，但我講的這些，這是對一個生命的尊重、尊嚴，那是一個人的，也是關於他身邊的人的。為什麼連我自己都講不出來，因為我自己也還在

消化，他已經做仙了，但對我來說這些東西都還沒結束啊，不管是對人、對歷史。我也沒答案。

還是需要時間

Q：這次文物館的計畫和攝影有一個共通點是「記憶」，都是試圖透過某些方式保存下物質的、影像的記憶。作為攝影師，對這次文物館的計畫有什麼期待嗎？

小康：很期待，很少在台灣看到一個人物，是很完整的被記錄下來，史明不是突然發生意外、會突然就消失掉了，歐吉桑的人生是有大量的被保留下來，尤其比較後面那幾年，大家有一種預期感覺歐吉桑隨時會走，所以會去大量保存下來，包含有紀錄片、有活動、文獻的保留，大家保存了很多東西。另外一個角度就是說，他是一個歷史人物，但他就是一直跟大家在一起。像阿輝伯，平常也沒有機會記錄到他，他是一個比較高的存在，但歐吉桑是一直跟大家在一起。

謙賢：老實說，最不缺的就是硬體。新莊這邊的展場要怎麼去呈現可以再做一個規劃，會有一些定期的展、呈現都沒有問題，但要怎麼去做一個替換的、不同主題的、輪展，去做長期性、延續性的展覽。目前其他的紀念館都一樣啊，像鄭南榕的、陳文成的，可能因為本來保留的東西就不多了，後來人也都只去一次。特別是歐吉桑留下來的硬體那麼多，怎麼去呈現，需要一個活絡的概念。

Q：在長期拍攝、參與社運的這段時

間以來，有注意到台灣的社運現場隨著時間發生了什麼演進或變化嗎（像是參與者的身份、現場的氛圍、抗爭的方式等）？怎麼樣看待這些變化？

小康：最一開始有提到說，吸引我就是以前是個嘉年華會，但到後來是有一群人、願意站出來，為某種議題去抗爭、去努力。在這個改朝換代之後，社運能量已經都沒了，可能你以前的戰友現在都在裡面了，但我覺得這是好的，因為抗爭應該要是最後一步。

但社運有改變到人，那也是好的，讓人感覺到站出來是有用的，透過網路去倡議、發起一個連署。以前動不動就想到要上街頭，到現在是可以透過政府裡的人，去找到管道去改變，在上街頭之前，有很多方式可以改變它，不是消失、不是萎縮，只是轉換成不同的方式。那有些議題，像巴奈那個（原住民族傳統領域）還是卡死在那邊，至少是鼓勵現在的小朋友和年輕人是要去站出來。站出來是有用的，這一點是重要的。

謙賢：台灣人很奴性，我們必須要面對這樣的奴性，剛好有一個比較強勢的人過來，也是一個機運，但有時候是你很拼，但屋主不要、怕事啊。但不得否認就是這幾代年輕人，反抗性就會出來。那個有在演變，那是非常慢的過程，甚至會覺得香港的演變會發生的更快。還是因為那時候國民政府來，有讀書的都殺光了，會怕啊。有經歷過白色恐怖的、聽到鑰匙掉到桌上的聲音就怕啊。那在那個年代是很合理的，因為有那個過程。演變會有多快不知道，但對這一塊我還抱著一絲絲希望，希望你看到那個演變的過程。

傳遞島嶼精神的初衷

——訪問《自由時報》記者楊媛婷

文 王俐茹

史明傳奇的一生，向來是採訪報導者的好材料，但是在這個講求速食報導的年代，能夠長時間關注一個議題，或者持續用篇幅讓讀者們認識一位生命充滿轉折、高潮迭起的台灣人士，需要的就不只是緣分、運氣，更要有細膩、體己的觀察，才有可能完成這項細水長流的「工程」。

自由時報的記者楊媛婷，過去幾年就是在壓縮、匆忙的職場氛圍中，溫和而持續地用藝文版面向大家傳遞史明歐里桑思想與基金會的訊息。這當然是一種堅持，也是特殊的緣分。事實上，在普遍跟風、搶流行的台灣新聞媒體中，並不是誰都對左翼、獨立建國、社會運動等議題抱持著友善的態度。然而從她滴水穿石的報導來看，可以理解她在這方面的堅持與熱忱。媛婷說，過去她就曾經閱讀過史明歐里桑的著作，跑文化線時也多次採訪、報導史明歐里桑的相關新聞。後來有機會認識「史明經典重建計劃」小組成員藍士博等人，自然也有更多機會可以與歐里桑當面交流，進行更深入的採訪。

爬梳採訪的回憶，媛婷說她印象最深的大概就是歐里桑對人的真誠關懷，以及不受年齡限制、永遠保持的年輕心態。有一次她到新莊採訪史明歐里桑，不管是茶水的溫度，以及堅持要她與攝影記者一起留下來用餐，在在都保持著日治時期細緻體貼的紳士風範。

不管是《史明口述史》獲頒圖書金鼎獎的訊息，或者是兩次在《自由時報》「文化週報」以專題的方式向讀者介紹這位高齡百歲的台灣革命者、呼籲大家能夠一起慷慨解囊，贊助支持重建史明文物館的募資計畫。楊媛婷之所以持續報導，主要的目的還是希望台灣人與台灣子孫能夠挺直腰桿，當一個台灣人。就像史明歐里桑曾經說過：「身為台灣人之前，先成為一個好人。」媛婷不只寫史明，她更注意到長年陪伴在歐里桑身邊的敏紅和忠哥。透過貼近描寫史明身邊的人事物，她紀錄的就不只是單單一個人的傳奇故事，而是一個信念究竟是如何地建構、延續與傳承，成為我們必須珍惜的精神遺產。

特別是，在史明歐里桑百年堅持的肉身離世畢業以後，我們終究還是得繼續地將革命的火炬傳承下去。其實，媛婷從一開始就不只是關懷台灣、台灣人而已，因為在意民主自由，所以她對香港反送中議題也同樣關注，好比說，才剛剛在台灣落腳的香港銅鑼灣書店，老闆林榮基就一直是媛婷的採訪對象。而不管是採訪史明歐里桑、林榮基，在在都代表著極權與民主之間的競爭與拉鋸。

於是，關於民主與自由的前景，媛婷認為：「很多人說中國頒布國安法是宣布香港民主的死刑，但是其實香港的喪鐘早在 1997 年就敲響了，如果稍微了解中國歷史，就能理解中國政府對於所謂「異族」一向就是這個殘酷。雖然近年來台灣意識已經比較蓬勃，但是大中國主義的幽魂仍然在這座島嶼上遊蕩，台灣未來的走向，終究還是要靠大部分人的意識與行動。」

所以關於這次史明文物館的整修募資，媛婷也期待她不只是一個物理的存在，而是成為台灣人的心靈依託，是保存、發揚島嶼精神與意志的一個重要的據點。這就是她持續提筆撰寫這一系列報導的初衷。

「文化是在潛移默化中形成的，如何突破同溫層，
讓更多的人看見，是我們該行動的下一步。」- 焦糖哥哥 陳嘉行

同樣開餐館，當然兩肋插刀
—— 專訪 焦糖哥哥陳嘉行

文 姚若予

在這悶熱的七月天，來到焦糖哥哥陳嘉行的越式料理店——越廚，一間充滿綠色植物、裝潢明亮的店。焦糖哥哥穿著黑白相間的條紋衣，戴著黑框眼鏡，在桌子與桌子之間穿梭、招呼客人。我們的訪問接近一點半才開始，但他才一坐下，就讓人感覺到他在參與公共事務上的熱情與關注。

「我從小就是接受所謂國民黨教育、黨國史觀長大的。」焦糖說。

1981 年出生的陳嘉行，在學校唸的都是國立編譯館所發行的教科書。後來隨著時空環境的改變，以及養成自學、閱讀的習慣以後，接觸不同的議題，也才回過頭來認識台灣史。

不管你支持或反對，你都應該認識史明

焦糖哥哥解釋：某次前衛出版社寄給他的一本書，才讓他認識了史明，聽見那些過去被政府掩蓋的聲音。所以他當然支持「起造國‧家」史明文物館的募資計畫，但是他更想提醒一件事情，就是在目前言論自由相對開放許多的台灣社會，其實不管你抱持著哪一種政治立場，不管你支持或反對台灣獨立，你都應該認識史明，都應該了解他所主張的想法。

「對於史明的記憶不應該只停留在支持民進黨或少數了解台灣歷史的人腦中，這是要延續下去，讓更多的台灣人都去了解的。」

至於為什麼會願意幫忙拍攝史明文物館群眾募資的宣傳影片？焦糖哥哥也解釋，募資金額可以達標當然很重要，但更重要的是：如何讓史明的精神被社會大眾看見，才是最大的難題。史明教育基金會運用巧思，預計將所有參與募資的人名都列在文物館內，不僅體現了史明信仰的社會主義精神，更可以讓文物館乘載著台灣人民的心意，與史明的精神串連。

募資小物，台灣製造擄獲人心

　　焦糖哥哥再補充，除了認同理念以外，募資小物也是吸引到他的一個重要理由。史明教育基金會連結了台灣在地的製造商，推出東京新珍味餐館的微型積木、台獨戰車筆筒、史明護宅燈箱等回饋品。而焦糖哥哥最喜愛的，就是有著濃厚台灣味又兼具實用性質的燈箱。所以他也顧不得可能遭受到統派網民謾罵的風險，堅持付出自己能提供的一切力量，幫助「起造國‧家」史明文物館募資專案順利達標。

同樣開餐館，當然兩肋插刀

　　提到史明歐吉桑，焦糖哥哥開玩笑說：他們之間最大的共同點，就是都愛閱讀、更都是開餐廳的人。歐吉桑在日本期間，經營新珍味同時也努力地鑽研台灣歷史，出版《台灣人四百年史》。陳嘉行目前一邊經營「越廚」，更回到學校進修，維持「半工半讀」的生活。

　　不過儘管為募資專案義不容辭、兩肋插刀，焦糖哥哥還是特別強調：「我不會把史明神格化，因為我知道他也像我們一樣，都是缺點與優點並存的人，但他務實的精神著實為我們立下一個很好的典範。」

　　最後，當我們問他對於史明文物館的未來抱持著什麼樣的期待時，焦糖哥哥表示：希望將來史明文物館能夠成為一個融入大家日常生活中的景點，用很生活化的方式讓大家了解史明歐里桑與他的一生經歷。讓每一位台灣人都可以看見：曾經有一個人，不畏風雨也不懼威權體制的打壓，對於自己的鄉土抱有無比堅定的理念，並付諸行動。

　　只為了台灣，讓這塊土地可以發出更多的聲音。

繼續飄香的民主聖地
—— 新珍味 ✕ 阿才的店 的 味蕾撞擊

文 葉芊均

街頭運動的加油站

阿才的店已有 30 年的歷史，從第一任老闆阿才到第二任老闆阿華，現在經營的地點也換到另一個所在。這些年歷經店址搬遷、裝潢更新，菜餚也為了饕客的健康而減鹽處理，堅持絲毫不改的則是「民主聖地」的精神。

在台灣適逢解嚴、街頭運動風起雲湧的年代，阿才的店是這些人自街頭抗議離場後，休息、進食補足體力的地方，還能讓人放心談論政治，往後甚至演變出踏進阿才的店就是要談論政治的有趣默契。這種氛圍也讓「民主聖地」這個名稱成為阿才的店的地下招牌。

環顧店內，阿才的店當下正舉辦香港反送中的展覽，與香港攝影師陳朗熹合作展出。過往沒有策展經驗的 Eve 甚至買錯黏膠，當場才學會怎麼使用水平儀，展覽規模超出預期，支出也因此暴增。即便面臨種種困難，對她而言，有意義的事就是要去做：「民主自由很重要，如果有一個地方的民主正在被迫害，那我就應該要為她發聲。如果因為這個展覽，有多一個人知道香港的現況那就夠了。」

顯然，民主聖地的招牌不因臺灣邁入民主化而有所黯淡，反而持續照亮其他尚在自由暗處的他處。

食物與革命者的交集

對於民主自由的重視，源於小時候在店內的耳濡目染，還有就讀政治系的啟蒙，Eve 深切知道黨國如何迫害民主和言論自由得來不易。也因此她很佩服史明前輩用盡大半輩子的時間宣揚台灣歷史的重要性，接到募資合作邀約的當下便一口答應。民主聖地的歷史意義，加上店內師傅一絕的手藝，阿才的店與新珍味合作推出經典的復刻菜單，包含歐里桑的拿手好菜韭菜炒豬肝，還有店內招牌油條蚵仔，其他菜色還有：糖醋肉、清蒸雞、蘿蔔煎蛋、日式唐揚雞、蒜酥油飯、乾煸四季豆、清蒸石斑魚和魷魚螺肉蒜鍋。

圖 / 韭菜炒豬肝

　　過去史明邊革命邊煮食的精神想要透過食物的復刻再現，既然歐里桑的手藝已不能再見，就交由阿才的店一起合作完成。從日本到臺灣，台獨革命到民主聖地，這段路曲折卻屢見有志者同行。這次募資合作由史明基金會先提出菜單，交由阿才的店研究復刻還原。由於都是台灣可見的料理，復刻外觀並不困難，困難之處在於如何接近，乃至於重現當年新珍味的味道。在歷經不斷的討論與調整後，阿才的店最後端出來的復刻菜色，已經得到曾經嚐過歐里桑手藝的敏紅姐與忠哥兩人的滿意與認可。

　　新珍味是史明前輩籌措台獨經費的來源和撰寫《台灣人四百年史》的所在。阿才的店則提供在威權年代仍渴求民主自由的人們一個避風港。兩間橫跨日本與台灣兩地的餐館，如今因為史明文物館的籌備而相遇，屆時端上桌的每一道菜餚將不只是再現新珍味、史明歐里桑的風華，更象徵著台灣味、台灣精神的延續與越跨。

未來的路：對於史明文物館的期待

　　談到對於史明文物館的期待，Eve 表示希望有越來越多人能因此更加重視台灣獨立的精神還有台灣意識的重要，民主選舉是經過漫長的爭取與無數人的犧牲才換來的，需要每一個人付出才能守護，尤其是和上一代歷史脫節的年輕世代，如果能透過參觀文物館對於這些歷史有更多認識，那就是最好的事。

　　採訪過程中，Eve 眼神散發著「對的事情就該去做」的氣魄。她堅定地訴說她心目中的史明以及阿才的店對自己的影響。最重要的，是她自己對於如何讓民主自由意識持續在台灣這塊土地扎根的期許。就像新珍味，就像阿才的店一樣，民主聖地會繼續飄香。

認識史明的
101種方法

文 史明文物館籌備計畫協同發起人　藍士博

史明歐里桑（本名施朝暉 1918-2019）是台灣歷史中少有的傳奇，他橫跨百年的經歷、富戲劇性的生平，在逝世之後與理想未竟的遺憾一起交織成極具張力的反差，更讓許多經歷這一波「史明熱」的朋友們開始好奇：「史明是誰？他到底做了什麼？」

不可否認的是，所有記述與紀念難免帶有褒揚抬舉的動機，自然也會引來不認同或其他見解的「平衡」報導。只是，如果我們好奇：為什麼這一位百歲革命者能夠與新世代的台獨運動者產生共鳴？或者說，我們又要用什麼方式，才能對這位曾經是台灣抵抗系譜中「根正苗紅」的「活化石」有正確的認識呢？

先說結論好了！以「人」為出發，透過經歷、行動與思想的多方比對，建構動態、辯證與重層的生命史圖像，應該是「理解」史明歐里桑的不二法門。

史明歐里桑之所以受到青年世代的矚目，因為他幾乎是上個世紀台灣文化協會僅存的少數幾位見證者之一；加上他不僅親身經歷了文化抗日運動，更投入對日情報工作與戰後的體制外革命、體制內抗爭。換言之，史明「還」存在的這件事，自然讓青年世代產生好奇，彷彿可以透過他與讀過的台灣近代史連結。

從新媒體的角度來看，史明歐里桑與同輩相比，在獨立台灣會同志的協助之下積極透過社群網路（Facebook, Instagram, Twitter）與網友互動；除此之外，在百歲高齡以前，他也頻繁地在台灣各地舉辦講座、新書發表會，並且在實際參與社會運動的過程中，讓自己極具故事性的傳奇生平在「同溫層」中日益渲染。

另一方面，這一波從 2012 年開始的「史明熱」，我們所規劃的「史明經典重建計劃（包括《實踐哲學：青年讀史明》、《史明口述史》、《左翼民族》等）」也產生了一定的效果，但是在扁平的文字之外，聲音與形象的「重現」也是重要的關鍵。包括閃靈樂團請他助唱「共和」、衝組與激進陸續發行了以史明頭像、形象為主題的服飾。至於陳麗貴「革命進行式」、鄭文堂「史明的迷霧叢林」、廖建華「末代叛亂犯」等三位導演的紀錄片拍攝，也在大螢幕上推波助瀾、發揮相當的效果。

說史明歐里桑其實也是新媒體時代的「網紅」，恐怕一點也不過分吧！

一個有趣而弔詭的現象是，1962 年以降《台灣人四百年史》的出版與陸續改版，確實讓史明得到詮釋過去與現在的話語權——他不再只是一位行動者，更成為了喚醒民族的思想家——然而經過幾十年的擴寫延伸，這部作品終究演化成一部磚頭——雖然史明一再強調大家應該先重視他的思想，而不願意談自己的故事，但是從讀者的角度來看，不僅很難理解這本書為什麼那麼厚重艱深，更很難透過書的本體，理解一本民族史的浮現需要意志、機緣，以及不受獨裁政權統治壓抑的空間。

幾年下來，我們幾乎可以斷言：如果讀者對史明的生平一無所知，那麼《台灣人四百年史》會是他一次艱難且極有可能中途而廢的閱讀體驗。

我的建議是：想要理解史明歐里桑，就必須以他這個「人」的經歷出發，再與他的行動、思想進行比對，才能夠有較為完整的生命史圖像。你也許可以先從《史明口述史》或《史明回憶錄》開始讀起，然後讀《台灣人四百年史》（簡明版、校對版甚至漫畫版），再配合與其他思想著作《西洋哲學史序說》、《民主主義》，應該就可以有基本的輪廓。

至於史明的思想變遷，以下則有幾個時間點可以提供給大家參考：首先是他在 1937 年前往日本早稻田大學以前，在台灣所受到的殖民地傳統、現代性的雙重影響；再者是，他在 1942 年前往中國以前，身上背負著大正民主遺緒與馬克思主義的素樸人道主義信念；另外，1949 年他因為對中共解放區內土地改革等舉措失望，竄逃回故鄉重新「拾回」台灣、產生書寫台灣史的志向，並在 1952 年再次潛逃日本、決定重新閱讀馬克思主義等，都有助於理解史明認同的形成與變遷過程。

至於《台灣人四百年史》中「台灣人」或「台灣民族」的概念演變過程，吳叡人在《啟示與召喚：《台灣人四百年史》的思想史定位》中清楚爬梳戰後史明如何一邊在新珍味煮大麵、炒豬肝，一邊「必須從頭開始的，艱辛的，苦鬥的，而且是幾近於掙扎的認同建構嘗試」。並且揭示了：在 1962 年日文版與 1980 年漢文版的《四百年史》之間，可以發現史明身上所發生的、巨大的思想轉變。

史明的時代已經結束，剩下的只是我們與時空的對話、探索，在有限且不停遺落的線索中，尋找歷史之於我們個人的啟示與招喚。就像吳叡人所說的：「台灣民族存在，然而台灣民族不知道自身的存在，因此歷史家必須介入，矯正這個存在與意識脫節的狀態。」其實我們也是用這樣的心情，在 2012 年、一切才剛開始之前就編輯、出版《實踐哲學：青年讀史明》，針對史明的生平、思想、《四百年史》與其他所有著作留下簡短而全面的評論。

就像史明歐里桑常說的：「看全面，看整體，看發展。」

一切才正要開始。

（原文刊登於「鳴人堂」）

致謝名單

董事長：黃敏紅
副董事長：李政忠
副董事長：葉治平

董事：（按照姓名筆劃）
王淑惠、王國棟、李銘崇、吳國禎
張正宜、張之豪、蔡亦竹、藍士博

感謝名單：
2422 位募捐友志
A Ray、阿才的店 Eve、才府室內裝修設計工程有限公司
Rebecca、林昶佐、洪福田、張紋瑄、陳嘉行、康紘齊、黃謙賢、
楊媛婷、廖小子、flyingV 劉思寧

執行團隊：（按照姓名筆劃）
王俐茹、姚若予、黃脩閔、葉芊均、歐孟哲、藍士博

發行代理

前衛出版社
10468 台北市中山區農安街153號4樓之3
Tel：02-2586-5708　Fax：02-2586-3758
聯絡信箱：a4791@ms15.hinet.net

定　價 新台幣200元
EAN：4710859100542